I0082415

Liderazgo

Equipo De Gestión E Influencia Para Una Mejor
Productividad

(Mejora Tus Habilidades De Comunicación E
Influye Como Un Líder Poderoso)

Otto Meza

Publicado Por Daniel Heath

© **Otto Meza**

Todos los derechos reservados

Liderazgo: Equipo De Gestión E Influencia Para Una Mejor Productividad (Mejora Tus Habilidades De Comunicación E Influye Como Un Líder Poderoso)

ISBN 978-1-989808-24-5

Este documento está orientado a proporcionar información exacta y confiable con respecto al tema y asunto que trata. La publicación se vende con la idea de que el editor no esté obligado a prestar contabilidad, permitida oficialmente, u otros servicios cualificados. Si se necesita asesoramiento, legal o profesional, debería solicitar a una persona con experiencia en la profesión.

Desde una Declaración de Principios aceptada y aprobada tanto por un comité de la American Bar Association (el Colegio de Abogados de Estados Unidos) como por un comité de editores y asociaciones.

No se permite la reproducción, duplicado o transmisión de cualquier parte de este documento en cualquier medio electrónico o formato impreso. Se prohíbe de forma estricta la grabación de esta publicación así como tampoco se permite cualquier almacenamiento de este documento sin permiso escrito del editor. Todos los derechos reservados.

Se establece que la información que contiene este documento es veraz y coherente, ya que cualquier responsabilidad, en términos de falta de atención o de otro tipo, por el uso o abuso de cualquier política, proceso o dirección contenida en este documento será responsabilidad exclusiva y absoluta del lector receptor. Bajo ninguna circunstancia se hará responsable o culpable de forma legal al editor por cualquier reparación, daños o pérdida monetaria debido a la información aquí contenida, ya sea de forma directa o indirectamente.

Los respectivos autores son propietarios de todos los derechos de autor que no están en posesión del editor.

La información aquí contenida se ofrece únicamente con fines informativos y, como tal, es universal. La presentación de la información se realiza sin contrato ni ningún tipo de garantía.

Las marcas registradas utilizadas son sin ningún tipo de consentimiento y la publicación de la marca registrada es sin el permiso o respaldo del propietario de esta. Todas las marcas registradas y demás marcas incluidas en este libro son solo para fines de aclaración y son propiedad de los mismos propietarios, no están afiliadas a este documento.

TABLA DE CONTENIDO

Parte 1

Introducción

Un líder y un jefe pueden ser la misma cosa o dos cosas diferentes dependiendo de las cualidades que posea la persona. Un líder puede ser el jefe o un jefe puede ser un líder, o pudiera ser lo completamente opuesto, donde un líder no es un jefe pero tampoco un jefe es un líder. No todos los jefes son líderes, aunque ambos jueguen un rol importante en nuestras vidas.

Los líderes son las personas responsables de inspirar, guiar y dirigir a un grupo de personas en el pasaje al logro de una causa común. Es alguien a quien observar y seguir ciegamente y de quien se espera que solo escuche a la gente y a más nada. Es también quien busca el bien para las personas y no solo su beneficio. En esencia es idolizado. El sitio Dictionary.com define un "Líder" como, "una persona o cosa que lidera, una cabeza que guía o dirige". El líder es el responsable de comandar a un grupo de personas, sin presionar demasiado y es siempre considerado una parte del grupo.Es considerado por tener características como la innovación, inspiración, guía, fortaleza y una visión. También es inteligente, cautivador, original, bueno, etc. Siempre debe liderar a las personas en la dirección correcta siempre siendo lo más justo posible. Trabaja para el beneficio de la gente y es una persona confiable.

Un jefe es la persona que está a cargo del lugar de trabajo. Puede ser directamente la cabeza de la compañía o puede ser el gerente. El jefe siempre tiene a alguien a quien responder tal y como los empleados tienen a quien rendir cuentas. Así que un jefe siempre tendrá un jefe y en algunas ocasiones puede ser la gente en general. Por ejemplo, un empleado en una empresa manufacturera rinde cuentas a su gerente, mientras que su gerente rinde cuentas al director, el director al gerente general, y el director general a los accionistas, quienes son el público en general. Se considera que los jefes trabajan con fines monetarios y no siempre se preocupan por el bienestar de la gente, siempre están buscando explotar a más gente, mientras tratan de pagar la menor cantidad posible. Los jefes obtienen autoridad y respeto del miedo y siempre tienen la última palabra. Dictionary.com define "jefe" como "una persona quien toma decisiones, ejerce la autoridad, domina, etc. una persona que emplea o supervisa a los trabajadores; Gerente."

Un jefe puede ser un líder y puede inspirar a su gente, mientras asume sugerencias activas. En resumen, mientras sus empleados estén más felices, serán más productivos, resultando en mayores beneficios para la compañía. Sin embargo, mientras los jefes son conocidos por promover el miedo, los líderes son conocidos por inspirar y liderar. Un líder estimula señalando los pasos a seguir, mientras que los jefes exigen el trabajo a la gente que supervisan presionándolos para que trabajen cada vez más duro. Los jefes con frecuencia dan órdenes mientras que los líderes dirigen mediante el ejemplo. En comparación, un líder es considerado más efectivo que un jefe al lograr más productividad que simplemente siguiendo órdenes.

El más exitoso es una mezcla de ambos, el líder y el jefe, y mientras algunas veces solo la autoridad cumple el truco, es mejor asegurar que los jefes crean en sus empleados y los dirija inspirándolos. La autoridad y el poder de un líder se encuentran en las manos de la gente mientras que la autoridad de un jefe, no.

7 Características que separan a un Jefe de un Líder

Mientras que un líder puede ser un jefe, no todo jefe es un líder. A pesar de que los líderes y los jefes tienen definiciones casi idénticas, en la realidad, son diferentes en el mundo competitivo actual. El solo término "líder" evoca una carga mayor de positivismo que el de "jefe." Sin embargo, cuando las personas aspiran a posiciones superiores en la vida, los negocios o la política, sueñan más con ser jefes que con ser líderes.

Una posible explicación de esto, es que ser líder requiere mucha más responsabilidad en un trabajo que ser jefe, viendo que ser jefe no necesariamente requiere realizar actividades especiales para impresionar a un superior.
Mientras un jefe está principalmente preocupado por los resultados, un líder se siente responsable del proceso que produce el resultado y la gente que lo observará.

Observe algunas de las principales razones que distinguen a un líder de un jefe:

1. Los líderes lideran en vez de dirigir.

A través de la historia, los mejores jefes encabezaron a sus tropas en combates o campañas o lo que fuese. Las tropas no sentían temor porque su líder estaba allí con ellos. Los líderes están allí para liderar al equipo hacia adelante y a moverse juntos.

2. Los líderes escuchan y hablan en vez de comandar.

Los jefes tienden a dar órdenes, necesitan que sus empleados escuchen y obedezcan. Sin embargo, los líderes siempre escuchan la opinión de sus colegas y le asignan la importancia que les corresponde. Los líderes están siempre listos a asesorar, discutir y brindar cualquier asesoría a cualquier empleado. Esta reciprocidad, hace que cualquier empleado se sienta más fuerte y le brinda la confianza para seguir al líder.

3. Los líderes motivan en vez de aterrorizar.

Mientras se trabaja en proyectos, la gente tiene sus altos y bajos. A través de esta montaña rusa, los jefes tienden a intimidar para lograr la acción mientras que los líderes motivan a actuar.

Una de las mejores cualidades de un líder es que ofrece la empatía y prepara al grupo para la próxima tarea a realizar. Esto es muy importante, al ver que cuando los colegas no estén preparados para ciertas tareas, los líderes están allí para apoyarlos, enseñarlos y respaldarlos.Los líderes saben que cada empleado está en el equipo por alguna razón y tienen fe en cada esfuerzo concertado.

4. Los líderes enseñan y aprenden en vez de esperar e ignorar.

Un verdadero líder es la persona que tiene su propia estima, pero no es arrogante ni avergonzado de aprender de aquellas personas con cargos inferiores. Ellos saben que nunca es tarde para seguir aprendiendo. Esto explica la tendencia de los líderes de prestar atención a sus colegas, sabiendo que siempre se puede aprender algo más de ellos. Más aún, los líderes no son solo tomadores, sino dadores también. Un buen líder no es egoísta compartiendo su conocimiento con alguien más; y al contrario, enseña y educa a nuevos profesionales.

5. Los líderes participan en vez de permanecer a un lado.

Mientras los jefes escogen permanecer a un lado de la tarea, los líderes toman la iniciativa, supervisan el progreso de la tarea, realizan los ajustes necesarios y ayudan a los miembros del equipo. Escogen ser parte del equipo en vez de simplemente dirigir al equipo.

6. Los líderes dan reprimendas en vez de

regañar o gritar.

Cuando es necesario, el líder efectúa una crítica constructiva. Sin embargo, un líder nunca regaña o grita a ningún individuo, especialmente en público. Ellos entienden que están tratando con personas y nadie tiene derecho a humillar a otros. Lo que es aún mejor, el líder habla con la persona de manera directa y sin temperamentos.

7. *Los líderes establecen relaciones iguales.*

Todos los que han trabajado en un equipo saben lo que se siente cuando el gerente selecciona a sus favoritos y a los que no los son. Siempre causa estrés y tensión entre los miembros del equipo comprometiendo la productividad. Un buen líder trata a todos de igual manera y no permite preferencias personales que afecten la dinámica del equipo.

Durante su vida, encarará dos tipos de gerentes: Los líderes y los jefes. No importa lo alto de la posición de estos individuos; Los mandones son más propensos a fracasar, mientras que los que lideran tendrán éxito.

Quizá lo que mencioné antes no tenga sentido para usted ahora, pero eventualmente experimentará la diferencia y obtendrá una mayor comprensión sobre el tipo de gerente que preferiría en su vida profesional.

Claves para convertirse en un líder extraordinariamente eficaz

Para muchos empresarios, la última cosa de la que desea preocuparse (o hacer) es dirigir personas. Usted desea salir a conocer clientes, crear productos impresionantes y atraer nuevas oportunidades a través de la puerta frontal. Pero a menos de que haya contratado a alguien para encargarse de la tarea de dirigir a sus empleados, entonces permaneces enganchado.

La buena noticia es que puedes hacer esa tarea un poco más fácil para ti recordando estas 7 claves esenciales de liderazgo y su organización se beneficiará como resultado directo.

1. Delegue sabiamente

La clave del éxito del liderazgo es aprender a delegar efectivamente tanto la responsabilidad de cumplir las tareas, como autoridad requerida para lograr que se hagan las cosas.

Muchos jefes sienten que necesitan controlar cada pequeña cosa que hacen sus empleados. Esta es una receta para el desastre. Cuando usted delega el trabajo a sus empleados, usted multiplica la cantidad de trabajo que puede cumplir mientras desarrolla la confianza de sus empleados, el liderazgo y las habilidades de trabajo.

2. Establezca Metas

Cada empleado necesita metas por las cuales luchar. Las metas no solo le dan dirección y propósito al empleado, sino que aseguran que sus empleados están trabajando en pos de las mismas metas organizacionales. Establecer metas específicas y cuantificables con sus empleados, y luego regularmente monitorear su progreso hacia su logro.

3. Comuníquese

Muchos jefes se comunican muy poco. Es usualmente difícil para un hombre de negocios ocupado y los ejecutivos mantener a sus empleados actualizados con respecto a las últimas noticias organizacionales.

Sin importar esto, debes realizar todos los esfuerzos para transmitirles la información que necesitan para realizar sus tareas rápido y eficientemente.

4. Dedique tiempo a sus empleados

Por encima de todo, el liderazgo es el trabajo por las personas. Cuando un empleado necesita hablar con usted, cualquiera que sea la razón, asegúrese de que usted cuente con el tiempo necesario para escucharlo. Haga su trabajo y su teléfono celular a un lado por un momento, y enfóquese en la persona que se encuentra delante de usted.

5. Reconozca los logros

Cada empleado desea hacer un buen trabajo. Y cuando lo hacen, desean ser reconocidos por sus jefes. Desafortunadamente, pocos jefes hacen mucho por reconocer y recompensar a aquellos empleados que realizan un trabajo bien hecho. La buena noticia es que existen muchas cosas que puede hacer un jefe y que cuestan muy poco dinero o nada, son fáciles de implementar y solo toma pocos minutos hacerlo.

6. Piense en soluciones duraderas

Sin importar cuán difícil sea un problema, siempre hay una solución rápida y los líderes están más felices cuando divisan una solución a los problemas. El problema radica en el empeño de solucionar las cosas rápido y saltar al próximo fuego, con frecuencia dejamos de buscar la solución duradera que tomaría más tiempo desarrollar. Aunque sea más divertido ser bombero, la próxima vez que tenga un problema que solucionar en su organización, analice las causas en vez de simplemente tratar los síntomas.

7. No se tome todo tan en serio

Sin lugar a dudas, gerenciar una compañía es un negocio serio. Los productos y servicios deben ser vendidos o entregados. Sin importar la gravedad de estas responsabilidades, los líderes exitosos convierten a sus organizaciones en lugares de trabajo agradable. En vez de tener empleados buscando cualquier razón para llamar y reportarse enfermo o llegar tarde y terminan siendo más leales y convertidos en fuerzas de trabajo energizadas.

9 Diferencias entre ser un Líder y ser un Jefe

Cuando eres promovido a un rol donde administras personal, no te conviertes en líder automáticamente. Hay distinciones importantes entre manejar y liderar personal. A continuación nueve de las diferencias que elevan al líder a otro sitial:

1. Los líderes crean una visión, los jefes crean metas.

Los líderes esbozan lo que ellos ven como posible, inspiran y enganchan a la gente para hacer realidad esa visión. Ellos piensan más allá que otros individuos. Activan al personal para que sean parte de algo más grande. Ellos conocen que los equipos de alto rendimiento pueden cumplir mucho más trabajando juntos que individuos trabajando autónomamente. Los gerentes se enfocan en establecer, medir y alcanzar metas. Ellos controlan las situaciones que alcanzar o exceden sus objetivos.

2. Los líderes son agentes de cambio, los jefes mantienen el Estatus Quo.

Los líderes se enorgullecen de intervenir. La innovación es su mantra. Abrazan el cambio sabiendo que aun cuando las cosas estén funcionando, podría haber una mejor forma de avanzar por lo tanto entienden y aceptan el hecho de que los cambios al sistema con frecuencia crean olas. Los jefes se apegan con lo que funciona, refinando los sistemas, las estructuras y los procesos para mejorarlos.

3. Los líderes son únicos, los jefes son una copia.

Los líderes están dispuestos a ser ellos mismos. Están conscientes y trabajan activamente para construir y diferenciar su marca personal. Se sienten cómodos en sus propios zapatos y dispuestos a destacarse. Son auténticos y transparentes. Los jefes imitan las competencias y comportamientos aprendidos de otros y adoptan su estilo de liderazgo en vez de definir el suyo propio.

4. Los líderes Asumen riesgos, los jefes controlan los riesgos.

Los líderes están dispuestos a probar nuevas cosas aun cuando puedan fracasar miserablemente. Ellos saben que fallar esta usualmente a un paso del camino al éxito. Los jefes trabajan para minimizar el riesgo. Buscan evadir o controlar los problemas en vez de abrazarlos.

5. Los líderes están presentes por largo tiempo, los jefes piensan al corto plazo.

Los líderes tienen la intencionalidad. Hacen lo que dicen que van a hacer y se mantienen motivados hacia una meta grande y generalmente muy distante. Se mantienen motivados sin recibir recompensas regulares. Los jefes trabajan por metas a corto plazo, buscando un reconocimiento más regular o elogios.

6. Los líderes crecen personalmente mientras que los jefes se basan en capacidades existentes o comprobadas.

Los líderes saben cuándo no están aprendiendo algo nuevo cada día, no se quedan detenidos, y avanzan detrás. Se mantienen curiosos y buscan mantener su relevancia en un mundo de trabajo siempre cambiante. Ellos buscan personas e información que expanda su pensamiento. Los gerentes a menudo duplican lo que les resultó exitoso, perfeccionando sus habilidades, y adoptando comportamientos comprobados.

7. Los líderes crean relaciones, los jefes construyen sistemas y procesos.

Los líderes se enfocan en la gente - todos los interesados que necesitan influir para realizar su visión. Ellos conocen quienes son sus interesados y dedican más de su tiempo a estar con ellos. Construyen la lealtad y la confianza honrando su promesa. Los jefes se enfocan en las estructuras necesarias de establecer y lograr las metas. Se enfocan en el análisis y se aseguran de que los sistemas estén en el lugar adecuado para obtener los resultados deseados: trabajan con los individuos, sus metas y objetivos.

8. Los líderes asesoran, los jefes dirigen.

Los líderes saben que las personas que trabajan para ellos tienen las respuestas o son capaces de encontrarlas. Ven a su gente competente y son optimistas acerca de su potencial, Resisten la tentación de decirle a su gente que hacer y cómo hacerlo. Los jefes asignan tareas e instruyen como cumplirlas.

9. Los líderes crean seguidores, los jefes tienen empleados.

Los líderes cuentan con personas que les siguen, sus seguidores se convierten en sus seguidores más antiguos y promotores más fervientes, ayudándolos a construir su marca personal. Sus seguidores los ayudan a aumentar su visibilidad y credibilidad. Los jefes tienen un personal que cumplen órdenes y buscan complacer al jefe.

Secretos de los Jefes de tiempo efectivo

La administración del tiempo puede ser uno de los factores más importantes para determinar su éxito, ya sea que esté considerando asumir un gran compromiso como retomar la escuela o mantenerse en lo más alto de sus responsabilidades en el trabajo o en el hogar.

El manejo de un equipo no siempre es fácil. La mayor parte del tiempo significa transitar diferentes personalidades, hábitos de trabajo y motivaciones mientras balancea sus propias tareas manteniendo las metas de la compañía en mente. Requiere de mucho trabajo entender esto, pero hemos reunido varios secretos con al fin de ayudar a cada gerente, desde el más práctico y experimentado hasta los más nuevos cumpliendo el rol. Cuales son algunos de los secretos de las personas que logran que todas las cosas se realicen y más. Recuerde que mientras nadie es perfecto todo el tiempo, definitivamente, hay algunas habilidades que puede aprender para ayudarle a triunfar a alcanzar el éxito manejando el tiempo.

1. Priorización

Para aquellas personas que intentan hacer malabares entre el trabajo, la vida hogareña y la escuela simultáneamente, es realmente importante asegurarse de cuáles son las demandas de cada uno de los tres, y aprender a priorizarlos diaria, semanal o mensualmente. Mantener listas de "Por hacer" puede ser de gran ayuda, así como también comunicarse con aquellos que serán impactados por su apretada agenda. Su familia, compañeros de trabajo y de clases pueden ser un gran recurso de apoyo y entendimiento - No dude en aprovecharlo.

2. Planifique por adelantado

Las posibilidades son, que usted por

adelantado conozca desde algunas semanas o meses previos cuando su programación enloquecerá. Quizá se haya inscrito en clases sabiendo que las semanas finales serán rudas. Tal vez usted tenga que viajar por asuntos de trabajo y estará imposibilitado de cumplir sus otros plazos. Cualquiera sea el caso, aproveche las pausas para prepararse para los momentos más ocupados. Recuerde que fallar en planificar es planificar fallar!

3. Desarrolle un horario acorde

Si usted conoce que trabaja mejor durante la mañana, reserve ese tiempo para realizar su trabajo. Si usted prefiere ejercitar al final de la tarde, asegúrese de asistir al gimnasio en ese momento. Encuentre los momentos del día cuando sea más productivo y aprovéchelos al máximo. Enfocándose en una actividad por tiempo, avanzará más que intentando cubrir varias actividades aleatoriamente.

4. Enfoque

Cuando sea el momento de hacer las cosas, elimine las distracciones, sea el Facebook, la losa desbordándose del fregador o los niños peleando en la sala. Consiga un lugar donde pueda enfocarse completamente en la tarea y dedicarse a esta hasta concluirla. Muchas veces tratamos de aplicar la multi-tarea, cuando en realidad lograrías mucho más enfocándote en una cosa a la vez.

5. Tómese un descanso

Cuando usted es una persona altamente motivada, siente que puede lograr cualquier cosa que ponga en su mente y puede ser el caso, pero recuerde que cada quien tiene sus propios límites, sea de tiempo o de paciencia. El quemarse es real y puede reducir su rendimiento si usted se presiona demasiado y por largo tiempo. Tal y como sucede con todo, asegúrese de apartar tiempo para relajarse, ver a sus amigos y familiares, y apartar su mente de la lista por hacer. Cuando regrese a la misma, se sentirá vigorizado y listo para el próximo reto.

6. Mantenga una mentalidad de maratón

Cuando asciende o es promovido a una nueva posición gerencial, es muy fácil sentirse excitado acerca de sus ideas. Este entusiasmo es definitivamente una cosa buena pero es muy importante apaciguarse. Antes de comenzar cualquier proyecto grande, tómese un tiempo para entender su rol y las cualidades internas de su equipo.

Como gerente de un equipo podría no siempre contar con el lujo del tiempo y los cambios rápidos a veces son esenciales. Más aún, tómese el tiempo para consultar y entender a su equipo para asegurarse de no sacar al bebe con el agua de la tina. Si usted tiene grandes ideas que no puede realizar justo ahora, tome nota de ellas en algún lugar que pueda recordar y volver a ellas cuando se haya asentado en su cargo.

7. *Establezca expectativas reales*

Como gerente, usted utiliza su conocimiento de la imagen completa para movilizar a su equipo hacia cada meta. Nada motiva más a un equipo que el éxito, sin importar cuan pequeña sea la victoria. De igual forma, un equipo puede descarriarse si usted establece metas que nunca podrán cumplirse.

Si usted quiere crear una nueva política, establezca un nuevo objetivo o haga un cambio, necesita entender si ha establecido expectativas reales. Esto pudiera significar revisar el presupuesto asignado o la carga de trabajo de aquellos de quienes necesitará ayuda. Pero también debe recordar que incluso los grandes proyectos que se ven difíciles de alcanzar pueden ser seccionados en tareas más manejables. Puede demorar un poco más en alcanzarse la meta final, pero los pequeños triunfos a lo largo del camino serán grandes motivadores morales para el equipo.

8. Conozca lo que su equipo hace

Si usted está buscando realizar un cambio o desea ver qué cambios se necesitan, siéntese con sus empleados para conocer lo que hacen. Es importante asegurarse de entender el rol que desempeñan antes de pensar en cambiarlo. Pregúnteles acerca de los problemas que deben enfrentar y las posibles soluciones. Ellos pudieran tener algunas visiones distintas a las que usted puede ver desde su oficina.

9. Encuentre motivadores reales

La promesa de un aumento puede impulsar a algunos empleados hacia la línea de meta, pero otros no les mueve por dinero. Hay muchos otros motivadores que puede considerar, así como la oportunidad de trabajar desde casa, algún tiempo personal extra o hasta exaltaciones verbales por el esfuerzo realizado. Cuando descubra los motivadores reales para cada individuo podrá utilizar esta información para animar a su equipo cuando se encuentren en un declive.

10. Explique el por qué

Es difícil para los empleados conquistar un reto si no entienden por qué están haciendo lo que están haciendo. Tómese el tiempo para explicar la razón detrás de cambio o ambición. Siempre esboce la imagen general y asegúrese que su equipo sepa como su trabajo contribuye e impulsa a la compañía hacia su meta. De igual manera, la retro alimentación es esencial. La gestión efectiva del equipo incluye sentarse con sus empleados para comentarles como cubrieron o no sus expectativas y sepan cómo mejorar.

11. Desarrolle trabajadores independientes

Un trabajador independiente es un trabajador efectivo. Usted quiere desarrollar a su equipo para que sea adiestrado en lo que hacen, entusiasmados acerca de lo que la compañía hace y empoderados para asistir mejor a los clientes. Usted tiene la autoridad para asignarles los recursos necesarios. Dotar a su equipo con el entrenamiento apropiado, herramientas excelentes y recursos adecuados para que puedan trabajar de la mejor manera y acorde a sus habilidades. Por su parte, usted también necesita delegar efectivamente para trabajar evitando las micro gestiones. Si no les permite avanzar con sus ideas ellos nunca aprenderán a volar.

12. Reconozca el talento de sus empleados

Cada empleado ofrece un grupo diferente de habilidades a la compañía. Todos tienen sus propias fortalezas que si son incentivados de la manera adecuada serán aprovechados en beneficio de la compañía. Depende de usted, como su gerente identificar y esbozar estos talentos. Una vez identificados, usted podrá trabajar con cada empleado para dilucidar la mejor manera de usar sus habilidades y que entrenamiento adicional pudieran desear o necesitar para llevarlos a otro nivel.

13. Enfóquese en la cultura de equipo

Su relación con cada empleado es importante, pero la manera como interactúa todo el equipo es vital. Encontrará que aquellos equipos que disfrutan asistiendo a su trabajo tienen una mayor motivación. Por supuesto, la cultura de equipo no es algo que usted puede forzar, evolucionará naturalmente a su manera pero usted puede dirigirla en la dirección correcta estando pendiente de las oportunidades que surjan e involucrando a todo el equipo.

14. Sea un modelo

Cuando ascienda a una posición gerencial, su equipo tomará las señales de su actitud, el entusiasmo y la ética de trabajo - o la falta de esta. De la misma forma que las actitudes desbordan, lo hace el comportamiento. Por ejemplo, si desea que todos lleguen puntualmente a las reuniones de equipo, llegue temprano usted mismo. Practique lo que profesa o sus empleados no estarán felices cuando espere que den lo que usted mismo no puede dar.

15. Mantenga la puerta abierta.

Evite ser el último en enterarse acerca de los problemas con proyectos o entre los miembros del equipo haciéndose alcanzable. Aprenda a escuchar antes de responder y muestre respeto por lo que sus empleados digan cuando acudan a usted. En estos tiempos de oficinas remotas, permitir a los empleados saber que usted está disponible toma algo más que dejar la puerta de su oficina abierta.

Usted debe instarlos a acudir a usted ante cualquier pregunta y recordarles que aun cuando en algún momento no se encuentre disponible, hará todo lo que pueda para reservar tiempo para ellos. Un negocio solo es tan bueno como sus empleados, y los empleados prosperan cuando su líder tiene habilidades efectivas de gestión de equipos. Para los nuevos gerentes - e incluso para algunos antiguos - puede ser un reto liderar un nuevo equipo. Por lo tanto, con un pequeño esfuerzo y un poco de estos secretos usted se descubrirá qué todo se trata de confiar en sus habilidades para dirigir a su equipo hacia el éxito.

Características del buen Liderazgo

Las características del buen liderazgo es algo que ha sido estudiado por muchos años y a través de mi investigación, he descubierto patrones similares en líderes que en resumen vale la pena mencionar. No todos los líderes tienen estas cualidades, pero es útil tenerlas si desea ser un buen líder. A través del estudio he descubierto estas diez características de buen liderazgo:

Visión

Los buenos líderes tienen visión. Los buenos líderes conocen hacia donde se dirigen y lideran a la gente con la misma visión que tienen para su vida, una comunidad y hasta una nación. Ellos no solo observan las cosas como son, sino como deben ser las cosas.

Apasionados

Los buenos líderes no son personas pasivas. Ellos usualmente son personas extremadamente apasionadas en lo que sea que estén haciendo, bien sean deportes o negocios, los líderes son extremadamente enfocados y algunos de ellos llegan a ser consumidos por su pasión.

Sabios

Los buenos líderes son sabios y disciernen, Ser un líder a menudo significa tomar decisiones cruciales en diferentes puntos de su ministerio. Teniendo la sabiduría para tomar la decisión correcta es extremadamente importante para asegurar el éxito de la organización.

Compasivos

Ellos tienen compasión por sus seguidores. Mientras entienden que tienen una meta que perseguir, constantemente voltean hacia atrás y cuidan de las personas que le siguen. No son personas egoístas que solo piensan en sus necesidades y lujos, ellos también tienen sentimientos por las personas que les siguen.

Carismáticos

Los buenos líderes son carismáticos, son personas atractivas y atraen a las personas hacia ellos por su brillante personalidad. Bien sea por la forma como hablan, o la excelencia que exigen de las personas, estos líderes tienen un factor X hacia el cual la gente se siente atraída.

Buenos comunicadores

Son muy buenos en la oratoria y hablando. Son extremadamente bien versados hablando en público y pueden influenciar e inspirar a personas con las cosas que dicen. Con esta habilidad no es una sorpresa que puedaganar un buen seguimiento.

Persistentes

Son persistentes para alcanzar sus metas. Ellos entienden que alcanzar la meta está lleno de contratiempos. A pesar de eso, ellos observan que los beneficios de alcanzar la meta son mayores que los contratiempos que puedan experimentar. Esto los hace personas extremadamente persistentes.

Integrales

Los buenos líderes tienen integridad, Ellos aseguran lo que dicen, y dicen lo que aseguran. Son personas que honran sus promesas y no juegan el juego político de doble cara que muchos otros juegan. Como tal, las personas los hallan confiables y como resultado se comprometen con ellos.

Valientes

Ellos son valientes. Winston Churchill dijo que el valor es una virtud sobre la que todas las demás virtudes descansan. Al solo tener un sueño central, los buenos líderes son lo suficientemente valientes para perseguirlo. Los miedos son reales, pero un líder valiente persigue sus sueños a pesar de los miedos.

Disciplinados

Los buenos líderes son extremadamente disciplinados en la persecución de sus metas. Mientras la mayoría de las personas se distraen fácilmente o se desvían, los buenos líderes disciplinan su carne para mantenerse enfocados a pesar de las circunstancias. Allí tiene diez características del buen liderazgo, podrá observar si tiene carencias en algunos aspectos y fortalezas en otros, Pero sin importar esto, no se trata de hacerse perfecto, sino de conocer sus carencias y esforzarse en desarrollar esas características en usted.

La importancia de desarrollar las habilidades del Liderazgo

El desarrollo del liderazgo es muy importante porque las organizaciones toman la personalidad de los líderes. Por esta razón recibir entrenamiento de liderazgo es una prioridad para cada organización. El desarrollo del liderazgo y el entrenamiento pueden maximizar la productividad, promover la armonía, así como también modelar una cultura positiva.

Solo habrá armonía y un incremento de la productividad cuando los líderes utilizan el estilo correcto de liderazgo.

Como pueden ayudarlo las habilidades del Liderazgo

El liderazgo no es tan fácil. Usted debe haber notado como varios líderes, sin esforzarse gerencian a su personal; Sin embargo, recuerde que la ruta del líder tiene muchos retos y sorpresas. Lo bueno es que los líderes no están solos para enfrentar estos retos. Un líder cuenta con un grupo que trabaja junto para superar cada reto así como también lograr cada meta. Mantenga en mente que el rol del líder no es resolver cada problema solo; más bien, él o ella inspira a la gente a resolverlos. Los buenos líderes serán capaces de reconocer que no tienen todas las respuestas. Además, están constantemente reeducándose en su aventura, así como también afinar sus habilidades de liderazgo. De igual manera, un excelente líder será cuidadoso al comunicarse con su personal de la mejor manera posible.

Los distintos estilos de Liderazgo

Dictatorial - El dictador tiende a mantener el poder de decisión. Algunas de las características de este tipo de liderazgo incluirá el actuar sin preguntar, el conocimiento es poder y sin errores. Este estilo de liderazgo ha probado ser eficiente cuando el grupo se encuentra fuera de control y hace muy poco o ningún esfuerzo por trabajar. En este caso, el dictador hará un llamado a los miembros del equipo deben ser igualmente responsables y asegurarse del cumplimiento de la meta.

Democrático - En esta situación el líder se esforzará para asegurarse que el grupo esté bien informado y participe en el logro de la meta. Algunas características de este estilo de liderazgo incluirá la participación entre los miembros del grupo, la exhortación al debate, y el poder de veto. Funcionará mejor si está dirigiendo un personal altamente motivado que necesita dirección. El líder tiene la tarea de determinar cuáles de las ideas planteadas por los miembros del equipo son correctas o   incorrectas.

Participativo - Este estilo de liderazgo difumina la línea entre el líder y los miembros del grupo. Actualmente requiere que el líder sea parte del grupo. Algunas características de este estilo de liderazgo incluyen la igualdad, visión de grupo y la responsabilidad compartida.

Conclusión

1. Los buenos líderes deben contar con la habilidad de tomar buenas decisiones en el momento indicado y deben tener buen juicio.

2. Los buenos líderes necesitan ser individuos que piensen con visión de futuro y necesitan ser capaces de visualizar lo que quieren y como lo quieren. Establecer metas es muy importante y un buen líder debe asegurarse que estos principios sean adoptados por todos los miembros del equipo.

3. Un buen líder debe ser un individuo honesto e inspirar confianza e integridad en quienes trabajan con él.

4. Un gran líder siempre mostrará gran confianza en todo lo que hace.

5. Un buen líder puede inspirar a su equipo y tiene un interminable caudal de aguante físico y mental.

6. Los líderes son inteligentes y siempre dispuestos a mejorarse a sí mismos. Siempre están leyendo temas que les

ayudarán a superarse.

7. Los grandes líderes son innovadores. Están constantemente pensando en nuevas maneras de implementar algo y plantear nuevas soluciones a los problemas.

8. Los líderes son valientes, aun cuando las cosas se pongan rudas. Ellos permanecen en calma y confiados, incluso cuando enfrentan obstáculos inesperados. Asumen la carga cuando sea necesario.

9. Los líderes son de mente abierta y están dispuestos a escuchar otras opiniones, así como también dispuestos a aprender de otros.

10. Los líderes son justos y sensibles a los sentimientos de otros. Están disponibles y comprensivos.

Parte 2

Introducción

Este libro está diseñado para aquellos que quieran saber qué rasgos necesitan poseer y perfeccionar para convertirse en grandes líderes a cualquier edad.Estos rasgos te permitirán convertir tus sueños en realidad al motivarte a transformar pensamientos en acciones.Es importante poseer cualidades de liderazgo, incluso si no eres el líder designado de tu equipo, ya que estas cualidades garantizarán tu éxito en lo que sea que elijas perseguir.

Cada capítulo de este libro es lo suficientemente fácil de leer y entender, esto es para que cualquier persona, desde un incipiente emprendedor hasta un nuevo joven en el mundo corporativo, pueda aprender y sentirse lo suficientemente inspirado como para cambiar su vida. ¡Acepta el desafío y conviértete en el líder que todos querrán admirar!

Gracias de nuevo por descargar este libro, ¡espero que lo disfruten!

Capítulo 1 - El Líder Seguro

Confianza es cuando crees en ti mismo y en tus habilidades. Nunca tengas dudas y preguntas sobre si eres lo suficientemente bueno, lo suficientemente fuerte o lo suficientemente valiente. Esto es especialmente evidente cuando la ocasión requiere de audacia.

Un líder seguro es alguien que tiene la voluntad de emprender tareas difíciles con una actitud positiva. Las personas quieren ser dirigidas por alguien que pueda mantenerse calmado, concentrado y seguro, tres rasgos importantes los cuales no pueden adquirirse sin un nivel de confianza saludable.

Además, la confianza de tal líder puede ser contagiosa, ya que el resto del equipo también comenzará a creer más en sí mismos. Los contratiempos y los obstáculos son una parte normal de cualquier proyecto, pero si el líder del equipo no tiene la confianza para superarlos, el resto del equipo también se derrumbará.

Cómo convertirse en un líder seguro de sí mismo:

La confianza no aparece de la noche a la mañana, pero se puede practicar diariamente para que pueda crecer. Para convertirse en un líder seguro, se deben aplicar las siguientes estrategias.

Sé un planificador:Es de naturaleza humana sentir una sensación de seguridad cuando se puede predecir algo. Crear un plan con pasos concretos te permitirá tomar conciencia de que algo se puede hacer, aumentando así tu confianza.Además, cualquier posible contratiempo se puede predecir más fácilmente cuando realmente te sientas y trazas cada tarea que necesitas realizar para acercarte más a la meta.La planificación eficaz también ayuda en situaciones impredecibles e inesperadas porque un buen líder siempre debe tener un plan de respaldo.

Domina el arte del poder de la vestimenta. La habilidad de lucir presentable inevitablemente afecta la confianza en uno mismo. ¿No estarías de acuerdo en que es mucho más fácil creer en alguien que se ve presentable? Para convertirte en un líder seguro, también debes verte como uno. Por supuesto, esto no significa que debas vaciar tu billetera solo para comprar un traje caro, aunque invertir en uno mismo es algo en lo que todos los grandes líderes estarían de acuerdo. Puedes comenzar tomando cinco minutos extras de cada día para asegurarte que tu ropa esta planchada y te queda bien, que huelas agradablemente y que tu peinado este impecable.

Presta atención al lenguaje corporal. ¿Te aseguras de estar parado derecho con los hombros hacia atrás y el pecho hacia fuera? ¿Tu postura demuestra franqueza cada vez que hablas con alguien, o cruzas tus brazos y mantienes la cabeza inclinada hacia abajo? Los líderes seguros son aquellos que pueden comportarse con dignidad y elegancia. Si sientes que aun te falta mejorar en esta área, haz un esfuerzo cada día para corregir tu postura corporal y sé más consciente de cómo das la mano y te presentas ante los demás a través de tus movimientos.

El consejo más importante que cualquiera puede dar en términos de cómo ser seguro es simplemente creer en uno mismo. Al levantarte cada mañana, di "*Soy fuerte y seguro*". Cuando crees en ti mismo, todos los demás también creerán en ti.

Capítulo 2 - El líder Auto-disciplinado

La autodisciplina es el acto de controlar los propios impulsos por el bien del objetivo. Es la habilidad de negar la autogratificación instantánea porque el resultado de esta privación es esencial para el éxito. Un líder que es auto-disciplinado está destinado al éxito porque tiene la determinación de seguir adelante sin importar las tentaciones.

Todos los líderes deben ser auto-disciplinados, de lo contrario la falta de este rasgo se reflejará en sus miembros y nada puede lograrse de tal situación. Es la auto-disciplina lo que le permite a uno a ser consistente de lo que uno hace. La fuerza de voluntad es lo que te empuja a salir de una cama cálida y acogedora a las 5 de la mañana para seguir con tus tareas del día. Es lo que te obliga a tomar la decisión correcta, incluso si es la más difícil.

Es el líder auto-disciplinado quien se asegura de que todo esté funcionando sin problemas y que todos estén haciendo su parte del trabajo. Este líder es aquel que mejor entiende el concepto de que sin importar lo que suceda, el show debe continuar.

Cómo convertirse en un líder auto-disciplinado:

La persona que es permanentementeauto disciplinada no existe. Incluso los líderes más disciplinados del mundo admiten que hay momentos en que la tentación casi los supera; sin embargo, debido a que ellos eligen ser cada día auto-disciplinados, es más fácil para ellos tomar la decisión correcta, aunque sea la más difícil. También puedes convertirte en un líder auto-disciplinado trabajando con estas estrategias:

Elimina las Distracciones. Las distracciones están presentes en casi cualquier entorno, ya sea en el trabajo o en el espacio personal. Es esencial que tomes conciencia de cuáles son estas distracciones y luego tomes medidas para eliminarlas.Igualmente, debes ser sensible hacia el resto del equipo; ayúdales a reconocer que es lo que los distrae de tener un óptimo desempeño y preséntales soluciones para deshacerse de esas distracciones.

Por ejemplo, si tú y tu equipo están constantemente en las redes sociales, incluso durante las horas en que se supone que deben trabajar en su proyecto, conversen sobre cómo el bloqueo de estos sitios en determinados horarios puede beneficiarlos a todos.

Toma Descansos Programados. A menudo, algose vuelve más eficiente cuando se mueve como un reloj, como por ejemplo la productividad diaria.Imagina embarcarte en una tarea sin un tiempo claro sobre cuándo debe terminar; la mayoría de las veces, te encontrarás haciendo un esfuerzo excesivo y, posteriormente, agotado y desmotivado.No es de extrañar que las personas que se presionan un poco más duro de lo normal terminan desgastándose.

Para mantener la auto-disciplina, también debes conocer tu ritmo y el de tu equipo. Debes saber por cuánto tiempo puedes mantenerte productivo hasta que sientas la necesidad de tomar un descanso. El ser humano promedio, por ejemplo, puede trabajar en algo productivamente durante dos horas seguidas antes de que necesite alrededor de unos 15 minutos de descanso antes de seguir trabajando por otras dos horas. Asigna un horario de descanso fijo para ti y tu equipo y observa cuánto mejor se desempeñarán todos.

Capítulo 3 – El Líder Honesto

Es difícil, si no imposible, confiar en una persona que es engañosa. Las personas quieren depender de alguien que saben que no los engañará para que hagan algo en contra de su voluntad o los guíen a una trampa. Es por esta razón que un líder debe ser honesto.

Ser honesto con tu equipo demuestra que eres un profesional, incluso en momentos en que la verdad no es agradable, el líder debe practicar la transparencia. El equipo te lo agradecerá y, de hecho, se esforzará en trabajar más duro. Asimismo, al mostrar la honestidad como una virtud que defiendes en el equipo, se estimulará a que los demás miembros sean justos y honestos entre ellos también.

Ten cuidado de no confundir la honestidad con la franqueza. También debes identificar y tener en cuenta la cultura social de las personas con las que está conversando, ya que el ser demasiado directo a menudo se equipara a ser grosero en muchas sociedades. Crea ese equilibrio de ser tan sensible como honesto, porque eso es lo que hace a un gran líder.

Cómo convertirse en un líder honesto:

Para convertirte en un líder honesto, debes esforzarte por ser auténtico. Si bien es desafiante ser verdaderamente honesto y defender lo que crees, es la superación de este desafío lo que hace que uno sea un gran líder. Toma la decisión de ser honesto cada día teniendo en cuenta las siguientes estrategias:

Cumple con tus compromisos. Si te comprometes a hacer algo, debes convertirlo en una prioridad el mantener tu palara. Solo puedes ganarte el respeto de los demás cuando saben que eres el tipo de persona en la que pueden confiar. Una persona que abandona sus responsabilidades cuando las cosas se ponen difíciles definitivamente no tiene lo necesario para convertirse en un gran líder. Dicho esto, también debes saber cuándo decir no. Si sabes sin lugar a duda que algo está fuera del alcance de ti o de tu equipo, debes ser honesto al respecto, en lugar de asumir el rol y terminar con un rendimiento deficiente.

Reconocer tus debilidades. Las personas deshonestas tienen la costumbre de encubrir sus debilidades porque se sienten avergonzadas o amenazadas por ellas.Incluso pondrían a su equipo en riesgo solo para salvarse y evitar la confrontación. Esto puede ser difícil de hacer, pero esfuérzate por ser honesto acerca de tus propios errores con el resto del equipo. Ellos serán más considerados y respetuosos contigo cuando sepan que estás al tanto de tus transgresiones y que estás haciendo un esfuerzo por mejorar.

Ten Tacto.El conflicto solo aparece al ser uno demasiado honesto cuando se eligen las palabras equivocadas para expresar honestidad.Un líder honesto es alguien que asegura que la retroalimentación que él o ella está dando es constructiva e inspirará a la otra persona a mejorar. Un gran liderazgo es cuando puedes abordar la situación de una manera honesta y profesional y no dejas que tu propia ira se interponga en el progreso de tu equipo.

Por último, **sé específico** al transmitir un mensaje a otros. No trates al resto del equipo como si fueran lectores mentales que pueden captar declaraciones pasivo-agresivas y usarlas para superarse. Puedes ser específico sin herir los sentimientos de los demás al comenzar tus declaraciones aplicando el método sándwich, que consiste en señalar algo positivo, seguido de comentarios constructivos, y luego otro aspecto positivo.Esto te ayudará a ser honesto sin bajar la moral de tu equipo.

Capítulo 4 - El Líder Organizado

Para ser organizado, debes pensar de forma metódica y eficiente. También debes comprender las partes diferentes y coherentes de un todo y las funciones específicas de cada parte. Un líder organizado es alguien que valora este delicado equilibrio y sabe que para mantenerlo debe ser capaz de delegar sabiamente las tareas a las personas adecuadas.

El rasgo de ser organizado es esencial para casi cualquier esfuerzo. Un líder que posee tal rasgo es capaz de mantener una mente clara a lo largo de la ejecución de un proyecto porque sabe el quién, el cómo, el dónde y el por qué.

El líder organizado entiende sus propias fortalezas y debilidades, así como las del resto de los miembros del equipo. Sin importar cuánta carga de trabajo se esté acumulando, este líder puede organizar cada tarea en el departamento indicado. Este enfoque sistemático garantizará rendimientos y resultados de alta calidad.

Cómo convertirse en un líder organizado:

El ser organizado en la vida es la clave para lograr cualquier cosa que te propongas. Los líderes deberían ser capaces de poder planificar y delegar tareas de manera efectiva para que se pueda alcanzar el objetivo común. Aplica estas estrategias para convertirte en un líder organizado:

Respeta la Diversidad. Comprende que cada persona tiene fortalezas que beneficiarán al equipo, así como debilidades que pueden ser compensadas por las fortalezas de otros miembros. Presta atención a lo que cada miembro puede ofrecer y confía en que podrán desempeñarse de manera óptima.

Establece un conjunto de reglas claras. Es esencial que un líder se asegure de que todos entiendan completamente su rol y lo que se espera de ellos. Todos los miembros, incluido el propio líder, deben saber que su parte es tan importante como la de los demás. Siendo claros en esto, las reglas en el equipo comenzarán a tener mucho más sentido para todos, lo que significa que es más probable que todos se adhieran a ellas.

Da crédito a quien le corresponda. Parte de la responsabilidad de un líder organizado es distinguir los esfuerzos variados de cada miembro y reconocer sus contribuciones individuales. Claro, todos trabajan en equipo, pero eso no significa que la persona no tenga una mente que pueda pensar libremente por sí misma.Cada persona aún anhela por reafirmación por sus esfuerzos, especialmente una que provenga de su líder. Al otorgar esto, estás alentando a ese miembro a continuar haciendo lo mejor que pueda.

Mantén un ambiente organizado. No hace falta decir que, como líder organizado, debes ser quien da el ejemplo. La forma más sencilla de mostrar este rasgo es mantener un espacio de trabajo limpio y bien organizado. Dichos entornos promueven la eficiencia y la productividad porque eliminan días de revolverentre papeles para encontrar uno en específico.

Al final de cada día, limpia tu espacio y vuelve a poner todo en su lugar.

Si tienes dificultades en ser organizado, intenta adaptar un estilo de vida minimalista. Elimina cualquier objeto (y persona) que solo abarrotan tu entorno y tu mente para que así solo lo esencial se destaque.Al idear un plan de acción simple, todo se vuelve claro y más fácil de gestionar.

Capítulo 5 – El Líder Comunicativo

Uno de los rasgos más sobresalientes que separa a un líder del resto del equipo es la capacidad de comunicarse de manera efectiva.Las personas quieren escuchar a alguien que sepa expresarse bien con palabras y definitivamente quieren que esas palabras sean claras y concisas.

El líder comunicativo tiene la capacidad de relacionar la meta de manera que todos pueden asentir para estar de acuerdo.Los problemas internos se pueden resolver fácilmente debido a la capacidad de uno mismo para gestionar correctamente la comunicación entre los miembros.Por otro lado, si el líder no puede relacionar la misión con el equipo, entonces habrá una gran cantidad de problemas.

The communicative leader can turn the work environment into a productive one because he or she is able to train the members efficiently. El líder comunicativo puede convertir el ambiente de trabajo en uno productivo porque es capaz de capacitar a los miembros de manera eficaz.

Este líder también se asegura de estar disponible para cualquier consulta y de escuchar atentamente las ideas y comentarios de otros. Despues de todo, la comunicacion eficaz es una calle de doble sentido.

Cómo convertirse en un líder comunicativo:

Como líder comunicativo, debes ser capaz de aplicar consistentemente las siguientes estrategias para poder interactuar bien con su equipo:

Dirección a nivel personal. Evita dar un sermón frente al equipo y, en cambio, haz que la discusión sea más interactiva.Dirígete a las personas por sus nombres y haz preguntas abiertas para que tengan la oportunidad de responder.

Se específico. Evita la ambigüedad, especialmente cuando se trata de dar comentarios e instrucciones constructivas. Se breve y conciso para evitar confundir a los demás.

Cultiva empatía. Muchos líderes caen en el abismo de la arrogancia y terminan creyendo que son superiores a sus compañeros. Sin embargo, el líder solo juega un papel en el equipo; él o ella no es el centro del equipo. Como líder, debes ser empático con los demás en el equipo al considerar cómo te sentirías si estuvieras en su posición. Al ser empático, puedes ayudarles a resolver sus problemas de manera más eficiente.

Un líder comunicativo es alguien que tiene la capacidad de elegir el mejor enfoque para cada situación. Ten en cuenta que la comunicación también es algo cultural; solo porque el sentido del humor funcionó con una persona, no significa que funcionará con otra.Se sensible con el estilo de comunicación de otra persona y adáptate de acuerdo a la situación.

Capítulo 6 – El Líder Apasionado

Imagínate trabajar en un equipo en el que el mismo líder no se siente apasionado por lo que hace. En este escenario, es probable que todos los demás miembros también estén desmotivados, razón por la cual un gran líder debería sentirse apasionado por la meta y en el proceso para llegar a ella.

La pasión se describe como una emoción fuerte y se siente cuando uno cree en algo de todo corazón.La pasión es la que impulsa a una persona a seguir adelante y permanecer firme en el oficio. Si un líder apasionado muestra pasión, el resto del equipo también se sentirá motivado y se desempeñará en un nivel más alto.

No se puede negar que la pasión es algo que nadie puede forzar fuera de sí mismo, es por eso que cada uno siempre debería tener una visión y una misión hábilmente identificadas.Esto ayudará a reavivar la pasión que inicialmente permitió lanzar el proyecto en primer lugar. Un líder apasionado es alguien que está comprometido con estas afirmaciones y debe dejar que este compromiso se refleje en el desempeño del grupo y que aliente al resto a seguir su ejemplo.

Cómo convertirse en un líder apasionado:

Los líderes apasionados son aquellos que presentan el nivel más alto de compromiso con el objetivo del equipo. Despierta la pasión dentro de ti con estas estrategias:

Debes estar intrínsecamente motivado. Hay dos tipos de motivación: intrínseca y extrínseca. La motivación extrínseca es cuando estás motivado a hacer algo por razones externas, como alguien que está aprendiendo a ser médico debido al prestigio que viene con la profesión.Por otro lado, la motivación intrínseca es cuando quieres ser médico porque te apasiona ayudar a los demás. Dedica un poco de tu tiempo a reflexionar sobre el por qué quieres perseguir algo y si descubres que solo tienes una motivación extrínseca, entonces esfuérzate por hacerla intrínseca.

Debes estar abierto a discusiones sinceras. La mejor manera de encender la pasión de todo un equipo es permitiendo que todos expresen cómo se sienten acerca de un determinado proyecto.Antes de la discusión, establece claramente las reglas básicas, como por ejemplo el permitir que alguien termine de hablar antes de que el otro pueda opinar. Algunos líderes de equipo tienen un palo o bastón de conversación que se pasa alrededor del grupo; La persona que sostiene el palo no debe ser interrumpida de expresarse en el momento, pero esta persona debe pasar el palo a otra después de un límite de tiempo.

Afirma tu compromiso. Dejarles saber a todos que estás involucrado en el proyecto al cien por ciento establecerá tu compromiso en piedra y alentará a otros a que también lo hagan. También hay una gran diferencia entre mantener una promesa para ti mismo y comentarle al mundo sobre la misma, porque las personas generalmente se vuelven más comprometidas y apasionadas una vez que saben que todos los ojos están puestos en ellas.

Los líderes apasionados disfrutan lo que

hacen plenamente porque es algo que realmente les importa. Rodéate de un equipo que sea tan apasionado como tú y serás capaz de inspirar a otros y de hacer que sucedan grandes cosas.

Capítulo 7 –El Líder Optimista

Ser optimista es tener la esperanza de que todo saldrá bien. Es esencial que uno sea optimista sobre un proyecto en particular para que el desempeño sea impulsado por la perseverancia. También se debe enfatizar que es esencial mantener un ambiente de trabajo positivo para animar a todos los miembros del equipo y fomentar un rendimiento de alta calidad.

Los líderes deben pensar positivamente porque esto les permite tener la capacidad de resolver problemas y encontrar soluciones inteligentes. Un pesimista renunciaría a un proyecto y lo desecharía porque perdió la esperanza de que tuviera éxito, pero un optimista sabe que uno no debería rendirse fácilmente. Sabes lo que dicen, siempre puedes cambiar el plan, pero nunca debes cambiar la meta.

El líder optimista es alguien que lucha por el éxito y cree que el equipo tendrá éxito en sus esfuerzos. Este líder exuda una vibra positiva que combina diversión y productividad porque sabe que las personas se vuelven más devotas al éxito cuando son felices haciendo lo que hacen. La tarea que debe realizarse se convierte en algo que el equipo realmente quiere hacer.

Cómo convertirse en un líder optimista:

Muchos líderes caen en la trampa de volverse cínicos, razón por la cual hay bastantes libros y películas sobre jefes horribles. Definitivamente no querrás que alguien escriba un libro sobre tus malas habilidades de liderazgo, es por eso que debes recordarte constantemente estos consejos sobre cómo ser un líder optimista:

Enfócate en las soluciones. Una de las peores cosas que hacen los seres humanos cuando algo sale mal es el buscar a alguien a quien culpar, a veces incluso cuando realmente no hay nadie a quien culpar. Como líder optimista, debes dirigir a tu equipo a que se concentren en cómo solucionar el problema en lugar de señalarse el uno al otro.

Debes estar abierto a la crítica. Practica mantener la calma frente a alguien que te está criticando y convierte sus palabras en una experiencia de aprendizaje para seguir mejorando. Esto puede ser difícil de hacer al principio, pero eventualmente se volverá más fácil.

Resalta las buenas noticias. El líder optimista es alguien que puede encontrar pequeñas ganancias de grandes pérdidas todo el tiempo. Siempre comienza y termina la discusión con una nota positiva y trata los obstáculos como desafíos que su equipo puede superar. Al final de la reunión, todos habrán dejado la sala sintiéndose empoderados y emocionados en lugar de desanimados.

Una manera importante de pensar de los optimistas es que ven las experiencias negativas como casos aislados en lugar de generalizaciones. Por ejemplo, si un optimista cometió un error durante una presentación, él o ella pensará que solo necesitará mejorar la próxima vez.Por otro lado, un pesimista empezará a creer que no es bueno en las presentaciones y esto afectaría sus acciones futuras. Ten cuidado de no obsesionarte tanto de tus errores.

Capítulo 8 –El Líder Intuitivo

Las innovaciones nacen de la intuición. Después de todo, no se les llama ideas innovadoras si alguien ya las ha inventado.Una persona que es intuitiva es una persona que tiene una tendencia natural a saber si algo está bien o mal en función de cómo se siente al respecto. Cuando surgen situaciones inesperadas, uno confía en la intuición para superarlas.

Un líder intuitivo es un activo importante en el equipo, porque puede guiar al resto de los miembros a través de la oscuridad. Dichos líderes maximizan sus habilidades y confían en sus experiencias previas para tener una corazonada de si algo funcionará o no. No es frecuente que tengas el lujo del tiempo para tomar decisiones importantes, motivo por el cual debes confiar en tu intuición para tomar la mejor decisión para tu equipo.

Cómo convertirse en un líder intuitivo:

De todos los rasgos, la intuición es

probablemente la más difícil de perfeccionar. Esto se debe a que necesitas ser bastante bueno con todos los otros rasgos para que éste se desarrolle naturalmente. Sin embargo, hay técnicas que puedes utilizar para ayudar a mejorar tu intuición y permitirte ser un líder intuitivo:

Se Curioso. Cada vez que una idea se te presente, tómate el tiempo para reflexionar y cuestionarla. Pregúntate si esta idea es positiva, alcanzable y útil para ti y para los demás. Si se te presenta un nuevo estímulo, observa cómo funciona y cómo podría ser. Presta atención a los pequeños detalles y considera las posibilidades de por qué esos detalles están allí.

Practica la auto reflexión. Antes de acostarte a dormir, reflexiona sobre cómo pasaste el día. Escribe tus reflexiones en un diario para ayudarte a concentrarte y para llevar un registro de tus pensamientos. Reflexiona sobre cómo te sentiste físicamente, emocionalmente, mentalmente e incluso espiritualmente. Después, piensa en cómo podrías haber mejorado tu día y cómo puedes hacer que el mañana sea tan bueno o mejor que el de hoy.

Lee verdaderas historias de detectives. Muchos investigadores exitosos confían tanto en las pistas como en su intuición para resolver un misterio. Deja que sean tus modelos a seguir aprendiendo de cómo piensan. Observa cómo usan la deducción en función de las pocas pistas que han descubierto para hacer suposiciones inteligentes. A medida que leas sobre su trayecto, practica tu intuición haciendo suposiciones. Cuanto más leas sus historias notarás una mejora en ti mismo.

Otras habilidades que puedes desarrollar para mejorar tu intuición es aprender el lenguaje corporal de las personas. Por ejemplo, averigua cómo puedes saber si una persona está diciendo la verdad o mintiendo. Ten en cuenta las diferencias culturales.

Capítulo 9 – El Líder Creativo

Un líder creativo es alguien que es capaz de construir algo desde cero. Ser creativo significa que tienes la flexibilidad para adaptarte a cualquier situación y el ingenio para utilizar las habilidades y los materiales que estén disponibles.

Habrá momentos críticos durante el proceso de desarrollo de algo y las personas quieren confiar en un líder que sea lo suficientemente creativo como para ir más allá de lo predecible pensando con originalidad. Las nuevas ideas de un líder creativo no solo impresionarán a cualquier miembro del equipo, sino que también los inspirarán a salir de sus zonas de confort para explorar dentro de sus propios procesos creativos.

Si bien el líder creativo no necesariamente tiene que ser el más creativo en el equipo, debe ser progresista y abierto hacia las ideas impredecibles que tienen el potencial de convertirse en grandes.

Cómo convertirse en un líder creativo:

La creatividad es crucial para el éxito, es por eso todos los buenos líderes se esfuerzan constantemente por cultivarla. Lleva a tu equipo al camino de la innovación aplicando estas estrategias:

Valora la creatividad diversa. Cada miembro del equipo es capaz de ser creativo, es por eso que debes practicar el escuchar sus ideas e incorporarlas al proyecto en general. Ten en cuenta que no tienes que ser la persona más creativa del grupo para ser el líder creativo; más bien, es el líder creativo quien puede aprovechar los extractos creativos de todos los miembros del equipo para diseñar el mejor proyecto.

Desafíate a ti mismo y a los demás. ¿Crees que tienes una gran idea? ¡Entonces, pruébalo! Transforma tu idea en realidad y anima a otros a hacer lo mismo. Si ciertas ideas chocan dentro de un equipo, organiza un debate respetuoso para permitir que cada miembro exprese sus opiniones y deja que resalten las ideas sólidas y que las imperfectas que sean reconsideradas.

Rodéate de creatividad. Los artistas viven en un mundo lleno de arte. Pasan mucho tiempo en las galerías de arte para examinar las obras de genios y se convierten en aprendices de los antiguos maestros para perfeccionar su oficio. Independientemente del estilo creativo que quieras mejorar, también debes rodearte de él.

Como líder creativo, debes ser uno de los que apoya la creatividad de los demás. Ten cuidado de no juzgar el trabajo creativo de alguien con demasiada dureza comparándolo con tus propias ideas. Recuerda que cada persona tiene su propio estilo único y que al respetar ese estilo, los alientas a creer en sus ideas y a luchar constantemente por la innovación.

Capítulo 10 –El Líder Inspirador

La capacidad de inspirar es lo que hace que una persona sea carismática. A la gente le encanta cuando su mente está excitada para pensar de cierta manera y hacer ciertas cosas. Es por esta razón que las personas tienden a seguir a alguien que las inspira.

Un líder inspirador es alguien que puede hacer que los miembros del grupo se involucren emocionalmente en su esfuerzo compartido. Este rasgo le permite al líder mostrar a través de sus acciones e ideas lo que podría ser ideal, de esa manera puede servir como modelo para todos los demás en el equipo. Un líder inspirador también es alguien que puede levantar el ánimo de su equipo reconociendo sus esfuerzos y animándolos a mejorar sus habilidades. Este líder sabe muy bien que es de naturaleza humana buscar inspiración de otra persona, y que él o ella hace un esfuerzo consciente de liderar con el ejemplo.

Cómo convertirse en un líder inspirador:

Un equipo liderado por un líder inspirador siempre espera ansioso ir a trabajar. La gente quiere trabajar con alguien que emule los ideales de lo que el equipo representa. Aplica las siguientes estrategias para que puedas ser un líder inspirador:

Se entusiasta. Cada vez que hables con otros sobre una idea que te apasiona, permítete mostrar esa pasión. Se expresivo en tu elección de palabras y deja que tu energía sea positiva y vibrante. Piensa como una animadora principal antes de un gran juego y acepta el poder que tienes cuando se trata de aumentar la moral de quienes te rodean. Di afirmaciones genuinas y positivas hacia tu equipo para que fortalezcan el vínculo entre ustedes.

Usa visualización. Los seres humanos están naturalmente inclinados a pensar en forma de narraciones o historias. Es por esta razón que la mitología antigua y las parábolas resisten la prueba del tiempo en términos de cómo están arraigadas en la memoria de la persona. Como alguien que busca inspirar a otros, puedes hacer uso de esta inclinación enviando tu mensaje en forma de una historia. Por ejemplo, puedes usar historias reales de personas que han tenido éxito en sus vidas para elevar el ánimo de los miembros de tu equipo.

Fomenta las discusiones. Todos deben tener su parte justa de tiempo para expresarse y depende del líder inspirador darles la oportunidad de hacerlo. A la gente le gusta que su opinión sea tan bien valorada como la de los demás y, a menudo, sus ideas realmente pueden beneficiar al equipo. Ten en cuenta que las personas se sentirán más inspiradas en contribuir al proyecto una vez que sepan que también son jugadores, y no solo peones.

Como líder inspirador, debes esforzarte por permanecer fiel a tu visión y no dejarte llevar por logros superficiales. Cultiva un deseo genuino de crear algo que beneficie a la comunidad ya que solo con esto, es más que suficiente para que te conviertas en una inspiración para los demás.

Conclusión

¡Gracias de nuevo por descargar este libro! Has descubierto que los 10 rasgos fundamentales de un buen líder son el ser seguro, auto-disciplinado, honesto, organizado, comunicativo, apasionado, optimista, intuitivo, creativo e inspirador. El siguiente paso es que identifiques cuál de todos los rasgos posees y busques perfeccionar los otros rasgos a medida que avanzas en la búsqueda de tus objetivos.

Al despertar cada mañana, haz un esfuerzo consciente de poner en práctica las lecciones que has aprendido de este libro. Visualízate como el líder que aspiras ser, ya que pronto serás uno.

Antes que sigan Adelante, echen un vistazo a este regalo gratuito.

www.ingramcontent.com/pod-product-compliance
Lightning Source LLC
Chambersburg PA
CBHW071243020426
42333CB00015B/1604